AF562800

An V.

# DE L'AFFRANCHISSEMENT DES NOIRS,

## OU OBSERVATIONS

*Sur la Loi du 16 pluviôse, an deuxième; et sur les moyens à prendre pour le rétablissement des Colonies, du Commerce et de la Marine.*

# DE L'AFFRANCHISSEMENT DES NOIRS,

## OU

# OBSERVATIONS

*Sur la Loi du 16 Pluviôse, an deuxième; et sur les moyens à prendre pour le rétablissement des Colonies, du Commerce & de la Marine.*

AVANT de me livrer à la grande discussion, de laquelle doit résulter le rétablissement de l'ordre et des cultures à Saint-Domingue,

Je demanderai s'il est permis d'exposer librement ses vues, lors même qu'elles contrarieroient la constitution, ou s'il faut encore les voiler, dût-on courir les dangers de les perdre sans retour? Si la première partie de cette proposition peut être admise, alors volontiers je m'élancerai dans l'arène et produirai mes moyens. Dans le cas contraire, je me condamne au silence jusqu'à ce que l'expérience ait justifié mon opinion. Mais comme je pense que le but de tout gouvernement ne peut tendre qu'à l'amélioration du grand tout, dans la supposition même où il s'agiroit de porter la réforme sur quelques actes dictés par la précipitation, l'ignorance des localités, ou peut-être quelques intérêts particuliers, alors je crois que les idées d'un citoyen, propriétaire des Colonies, ne peuvent être vues avec indifférence, sur-tout lorsqu'il n'aspire qu'au bien général des particuliers.

POINT D'ESCLAVAGE, POINT DE COLONIES. (*Hic et nunc ; videndum est posteà.*) Un cri terrible va s'élever contre moi ; je suis menacé du plus terrible des anathêmes ; mais je serois un traître, un lâche, si je parlois contre ma conscience ; l'esclavage est sans doute un vice affreux dans la société : l'homme est né libre, il l'est au moins de sa nature, et ce n'est qu'à la force qu'il doit son asservissement ; mais ce vice est si ancien, et a pris de si profondes racines, qu'il n'est plus au pouvoir du législateur de briser à la hâte des chaînes qu'une longue suite de siècles n'ont cessé de forger aux malheureux mortels de toutes les classes et de toutes les couleurs.

La liberté générale ou le décret du 16 pluviôse a été plus funeste à la France que la perte de trente batailles : ceci n'est pas un paradoxe ; il est des institutions monstrueuses, sans doute, nées de l'ignorance, de l'injustice, de l'abus de tous les pouvoirs, qu'il seroit urgent d'anéantir sans retour ; mais le vrai législateur, s'il est ami de son pays, entreprendra-t-il cette tâche sans avoir calculé le résultat de ses opérations ? S'exposera-t-il à noyer dans le sang un bien qui ne peut naître que d'un grand concours de circonstances et de combinaisons ? s'il le fait, je le demande, comment sera-t-il jugé, non-seulement par ses contemporains. mais même par la postérité la plus reculée. Eh bien, ce législateur imprudent ou pervers, comme on le voudra, c'est la montagne conventionnelle qui a tout osé, parce qu'elle ne doutoit de rien ; aussi la ruine de la France, l'incendie de ses Colonies, le massacre de tous ses habitans, ne sont que trop visiblement son ouvrage.

Si j'ai bien médité sur les différentes causes de la décadence de l'empire romain, je ne puis m'empêcher d'en admettre deux, omises par Montesquieu. La première, dictée par le fanatisme, quoiqu'elle parût l'être par l'humanité, nous prouve qu'une grande réforme, si elle est trop précipitée, entraîne toujours un grand danger, et que les droits primitifs des peuples ne peuvent servir qu'avec beaucoup de précaution, et rarement, de base à l'administration. La loi qui déclaroit libres tous les esclaves qui se faisoient chrétiens, rétablissoit dans leurs droits, des hommes qui n'avoient eu jusqu'alors qu'une existence forcée, et ébranla l'état jusques dans ses fondemens, en enlevant aux grands propriétaires les bras qui faisoient valoir leurs terres, et qui par-là se trouvèrent réduits à la plus cruelle indigence ; les affranchis n'ayant ni propriétés ni existence assurée, furent de très-mauvais citoyens, et se soucièrent fort peu de défendre un empire auquel ils ne tenoient presque pas. La seconde, fut le renversement du paganisme ; ces hommes ne tenant plus entre eux par les liens sacrés de la religion et du serment ; sans prêtres, sans temples et sans morale, devinrent les plus grands ennemis de leur patrie, contre laquelle ils tournèrent leurs armes au gré de leurs caprices ou des insinuations qui leur étoient faites.

Ces esclaves nouvellement affranchis, qu'étoient-ils ? Des hommes véritablement policés, des hommes qui très-souvent étoient nés dans les rangs les plus distingués, qui avoient, pour la plupart, reçu une éducation soignée, et possédoient des talens estimables : enfin c'étoient des voisins que le sort des armes seul avoit livré entre les mains de leurs ennemis. Mais le nègre, cet homme sauvage, par fois brute, par fois féroce, et presque toujours sans la moindre notion des premiers principes, voué à l'esclavage dans son propre pays, condamné à servir de jouet à ses chefs, à la mort même, lorsqu'ils perdront tout espoir d'en tirer parti par la traite, pourroit-il entrer en parallèle avec l'esclave romain ? Cependant la liberté que leur accorda Constantin, a été et sera regardée comme une des principales causes de la chûte du plus puissant empire qui ait jamais existé. Mais combien la Loi du 16 Pluviôse ne doit-elle pas être plus funeste aux Colonies, et par conséquent à la France.

Si nous écoutons encore un homme célèbre, nous serons bien mieux convaincus de la vérité de ces assertions : voici ce qu'il dit au sujet des nègres qui cultivent les Antilles : « Ces » hommes stupides qui n'auroient pas été pré» parés à un changement d'état, seroient in» capables de se conduire eux-mêmes ; *leur vie* » *ne seroit qu'une indolence habituelle, un tissu*

« *de crimes.* Le grand bienfait de la liberté doit » être réservé pour leur postérité, et même avec » quelque modification ». L'a-t-on fait le 16 pluviôse ? *Leur vie ne seroit qu'une indolence habituelle, un tissu de crimes !* Donc les nègres, au rapport du plus grand de leur défenseur, sont naturellement indolens et vicieux. Que ceux qui ont donc voulu les élever au rang de citoyens français, sans préparation, étoient bien ignorans ou traîtres à leur patrie !

Qu'il me soit cependant permis de faire encore quelques réflexions sur l'esclave romain et le nègre ; le premier habitoit une terre qui, comme toutes celles d'europe, ne pouvoit produire qu'à force de travail ; il lui falloit être actif, devenu libre, pour exister, et le besoin qui nous domine toujours impérieusement devoit lui donner de nouvelles forces pour aider son ancien maître, qui, à son tour, ne l'auroit pas abandonné ; cependant les terres deviennent incultes faute de bras, et tout l'état s'en ressent ; il est à présumer que l'esclave romain n'avoit pas calculé le résultat de son inaction, et qu'il n'étoit qu'un très-mauvais citoyen, à qui il ne restoit plus la moindre notion de ses devoirs.

Le nègre, au contraire, habite une terre excellente ; une journée de travail lui suffit pour vivre un mois ; d'ailleurs, à défaut de travail, il est bien sûr, à la rigueur, de trouver dans les seules productions de la nature, de quoi exister dans les bois ; et alors n'étant plus retenu par la crainte, qui seule avoit de l'empire sur ses sens engourdis, ni par la religion qui le maîtrisoit, quel moyen trouver pour le rendre utile, sans danger, à la puissance qui aura brisé ses chaînes ?

Quant à moi, je le réppéterai toujours » Il faut à la France une marine, et il ne sauroit y avoir de marine sans Colonies, et il n'y aura jamais de Colonies sans esclavage. » Ce mot révolte, j'en conviens, mais il peut être modifié, tempéré par des lois justes et humaines ; on peut encore rendre cet état préférable à celui de nos cultivateurs ; c'est ce que savent très-bien tous ceux qui ont habité les Colonies ; mais si on croit pouvoir balancer sur le choix des moyens, on n'aura que des résultats incomplets et vicieux ; c'est en vain que des hommes peu faits pour l'administration d'une grande puissance fonderont sur la paix un espoir de restauration pour les Colonies ; ces hommes se trompent, ou trompent le peuple par leurs déclamations insignifiantes ; l'expérience leur prouvera s'ils parviendront à faire travailler à volonté des nègres devenus libres. D'ailleurs l'Angleterre, cette rivale éclairée sur ses vrais intérêts, ne les excitera-t-elle pas, ne leur fournira-t-elle pas mille moyens d'insurrection. Soyez certains que c'est à vos Colonies qu'elle en veut : rappelez-vous la guerre de 1755, et ce qu'en dit encore l'abbé Raynal, parlant de l'importance des Colonies : » *Pitt le sentit, et dès-lors il résolut* » *de dépouiller les Français de leurs Colonies,* » *et de les réduire à la condition, ou l'affran-* » *chissement plus ou moins prompt du nouveau* » *monde ramenera toutes les nations qui y* » *ont formé des établissemens* ». Donc l'affranchissement doit faire perdre aux européens leurs

Colonies. Français, lisez, réfléchissez, et jugez.

Quel parti prendre cependant pour ne porter aucune atteinte à la constitution et concilier tous les intérêts ; le voici : c'est de l'ajourner à un temps limité, établir un gouvernement militaire, avec un conseil composé de colons-planteurs et négocians, pour régler le régime intérieur qui convient à ces contrées lointaines, parce que ceux-là seuls qui ont un intérêt direct à la prospérité du pays, peuvent connoîtro les moyens plus ou moins prompts qui peuvent les conduire à ce but ; envoyer de suite une force armée capable de rétablir le bon ordre et de le faire respecter.

Le moment n'est pas encore venu d'exposer avec une entière liberté l'unique plan qui pourra redonner aux Colonies leur ancienne splendeur ; il faudra un grand concours de lumières pour arriver à un heureux résultat qui ne sauroit être désormais que le fruit de l'expérience ; car les colons eux-mêmes seront partagés sur le choix des moyens ; quant à moi, je pense que les réglemens propres aux Colonies ne peuvent être discutés que sur les lieux ; avant tout, il faut ramener, soit par la persuasion, soit par la force, un ordre stable de choses ; alors tout le reste viendra comme de lui-même : mais ce qu'il ne faut pas omettre, c'est la responsabilité des agens ; imitons l'Angleterre qui décerne contre les gouverneurs qui violeroient dans les Colonies les statuts, les mêmes peines qu'à ceux qui violeroient la constitution nationale ; en Angleterre la responsabilité ne fut jamais une chimère.

La Colonie doit avoir des députés au corps législatif chargés de ses intérêts ; leur fonction sera d'obtenir la confirmation des lois décrétées dans la Colonie, qui seront provisoirement exécutées ; la sanction ne pourra être attribuée au gouvernement , mais au corps législatif seul, et il n'y aura que le conseil qui puisse les révoquer, s'il les juge par la suite dangereuses ou inutiles.

» En Angleterre , les agens des Colonies sont » à Londres ce que les députes du peuple sont » au sénat britannique. Malheur à l'état, s'il de » venoit sourd aux cris des représentans , quels » qu'ils soient ; les comtés se souleveroient, » les Colonies se détacheroient en Amérique , » les trésors des deux mondes seroient perdus » pour l'isle métropolitaine , l'empire entier » tomberoit dans la confusion , et les sources » de la félicité publique seroient à jamais taries. »

Les colons sont français, ils tiennent, en dépit de tous leurs détracteurs, à la métropole par les liens du sang, l'empire de l'habitude, les nœuds du besoin et les intérêts les plus chers ; c'est donc à tort qu'on leur prêteroit des desseins contraires à l'avantage de leur nation ; leurs vœux les plus ardens sont pour sa prospérité ; ils ont été , dans tous les temps , généreux et fidèles , et presque jamais maîtrisés par de petites passions ; ils oublieront sans peine les calomnies et leurs calomniateurs , pour ne songer qu'à rendre leur pays florissant. Mais en examinant la conduite des différentes assemblées , celle de l'ancien gouvernement , on ne peut s'empêcher de convenir que les uns et les autres n'aient reçu l'impulsion de l'Angleterre ; cette puissance semble bien évidemment avoir présidé à toutes les délibérations, dicté les décrets des 12 octobre et 16 pluviôse ; il importoit à sa politique de détruire nos Colonies pour réduire à la nullité nos forces maritimes et le commerce national ; d'ailleurs pouvoit-elle avoir oublié la paix de 82, qui fût notre ouvrage. Décidez maintenant, français, si elle est vengée ; et par qui?

Au commencement de la révolution, on méconnut l'importance des Colonies ; des hommes sans expérience dans les affaires, qui n'avoient en partage qu'ignorance et présomption, furent portés des états les plus bas, au rang éminent de législateurs ; cette nuée se répandit comme les sauterelles en Egypte et dévora les ressources de l'état ; cet exemple ne fut pas imité par une nation véritablement éclairée ; au contraire, elle sut en profiter ; dès lors elle résolut de nous dépouiller d'une prépondérance que nous n'avions acquise que depuis 1740, et que nous ne devions qu'à l'infatigable activité des colons, à la fertilité du sol, et à la qualité de ses productions. En 1783, neuf cents et quelques gros bâtimens furent employés à exporter les denrées coloniales, et en 1786, le même nombre prit la route des Antilles.

On dut s'étonner sans doute, ou mieux s'indigner, quand la froide raison nous permit de sonder la profondeur de l'abîme ; contre ces aboyeurs de clubs, ces patriotes exclusifs, qui, avec une impudeur révoltante, osoient proposer ouvertement de renoncer à nos Colonies si des mains libres ne pouvoient les cultiver ;

c'est ainsi qu'ils sacrifioient à une philosophie erronée tous les avantages de l'état; la politique n'entroit pour rien dans leurs calculs; ils étoient loin de prévoir ce que pourroit être la France sans marine, sans commerce, et ce que deviendroient les autres puissances étayées de ces précieuses ressources; il étoit alors permis à des énergumènes *ou à des Jacobins* de raisonner ainsi; mais le gouvernement actuel, fort de l'opinion publique, fort des besoins de l'empire, ne doit plus balancer; tout doit le porter à rétablir les Colonies; il leur doit secours et protection; mais il ne sauroit y parvenir sans forces maritimes, et il n'acquerra de forces maritimes qu'à la faveur de ses Colonies: or, comment remédier à tant de maux qui les accablent, s'il ne revient sur ses pas, et sur-tout s'il ne suspend la trop fatale loi du 16 pluviôse?

On doit tout le respect possible à la constitution; mais si une constitution entraînoit des dangers pressans, le citoyen qui chercheroit à éclairer ses compatriotes pour sauver la patrie, seroit-il coupable en émettant une opinion contraire à cette même constitution? Non, sans doute; et c'est cette idée seule qui m'a engagé à écrire contre le systême reçu comme impraticable et destructif de la prospérité nationale: oui, c'est elle seule qui me porte à affirmer que les Antilles ne sauroient être cultivées par des libres; voici l'objection, qu'on y réponde.

En 1790, St-Domingue faisoit pour deux cents quarante millions de revenus; aujourd'hui il est nul; de dix ans il ne sera que très-peu de chose ; cependant l'état des terres, celui des bâtimens demanderoit et plus de bras et plus de moyens ; mais en supposant un revenu égal à 90, et même nombre de bras employés, voyons quel en seroit le résultat : un journalier ne sauroit être payé moins de deux escalins, ou trente sols, argent des Colonies ; or, quatre cents mille nègres à trente sols, absorberoient cent quatre-vingt millions ; joignez à cela les impositions et charges de la Colonie, que resteroit-il au propriétaire ? Ce raisonnement emporte sa preuve avec lui ; il est impossible de le réfuter ; mais au lieu de deux cents quarante millions, dans la situation actuelle de la Colonie, peut-on bien se promettre qu'elle en fasse cinquante ; et alors où prendre de quoi payer les journaliers ?

Ce sera sans doute dans l'augmentation de la denrée ; il n'existe pas d'autres moyens, c'est-à-dire, que si le sucre ou le café valoit, en 90, l'un vingt sols la livre, l'autre quinze, il n'y auroit qu'à en doubler le prix, et alors au lieu de deux cents quarante millions, le produit s'éléveroit à quatre cents quatre-vingt millions ; mais cette supposition est doublement vicieuse : elle l'est d'abord parce qu'il seroit absurde et très-absurde de présumer que la Colonie dans l'état où elle se trouve, au moment où elle ne présente que décombres et ossemens, put seulement donner le dixième de son revenu ordinaire : il seroit encore plus extravagant de croire qu'on pourroit tirer parti de ce même revenu ; ce calcul est de tous les calculs le plus faux ; il n'entrera jamais dans la tête d'un administrateur éclairé, encore moins dans celle d'un colon.

En admettant, ce qu'il est impossible d'admettre, que St.-Domingue, par exemple, donneroit deux cents quarante millions dans son état actuel, la France en seroit-elle réellement plus riche? trouveroit-elle dans cet ordre de choses, plus de ressources pour rétablir sa marine? Je vais prouver à l'instant qu'elle creuse elle-même son tombeau sans s'en appercevoir, et que sous peu elle doit être rayée de la liste des puissances maritimes.

L'Angleterre, dont nous ne pouvons nous empêcher de reconnoître la supériorité, même dans le calme de la paix; l'Angleterre qui trouve, dans le génie de ses habitans, mille et mille moyens de simplifier ses opérations commerciales, a toujours obtenu l'avantage dans les différens marchés; par-tout elle a trouvé les moyens de livrer à meilleur marché et même à des termes plus reculés; or si dans un moment où le régime des Colonies étoit assis sur les mêmes bases, l'Angleterre avoit trouvé ces précieux avantages, que sera-ce donc quand nous aurons nous-mêmes fait pencher la balance entièrement de son côté, en rompant un équilibre que nous n'avions conservé que par la qualité bien supérieure de nos sucres, de nos cafés, de notre indigo, etc? Alors obligés d'en doubler la valeur, pour couvrir les frais d'exploitation, nous serons éconduits par les étrangers; et ce qui est bien plus alarmant, nous ne pourrons jamais soutenir la concurrence dans notre propre pays, car les spéculateurs aimeront bien mieux tirer d'Hambourg, Dantzick, et autres entrepôts, que de courir la chance trop hasardeuse d'expédier aux isles. Les lois prohibitives seroient désastreuses ; et si nous nous obstinions à empêcher les étrangers d'importer en France les denrées coloniales, nous nous exposerions à n'avoir presque pas de commerce, à n'avoir qu'une navigation resserrée ; par conséquent pas de marine et toujours inférieurs à nos ennemis, ils nous feroient éternellement la loi : au lieu de voir rentrer chaque année quatre-vingt millions de numéraire, nous serions réduits à la cruelle alternative, ou de nous priver des productions coloniales, ou de porter à l'étranger non-seulement ces quatre-vingt millions, mais une somme autrement considérable, car la France absorboit pour plus de trois cents millions de denrées coloniales, et cette augmentation recevroit un accroissement de plus de cent millions, par le haut prix qu'il nous les faudroit payer. Législateurs, méditez long-temps sur ce véridique tableau, et avant de vous prononcer, songez qu'il y va du salut de l'état.

C'est à l'ignorance des localités que nous devons tant de fausses mesures ; les lois coloniales ne peuvent être faites en France sans s'exposer à n'obtenir qu'un résultat incomplet et défectueux ; les données et les calculs varient, selon la nature du local, ses productions, son numéraire, ses ressources, ses liaisons, ses usages, son goût, son commerce et ses mœurs. Quel est donc en France l'homme étranger aux Colonies, assez instruit pour en saisir tous les élémens ? y a-t-il un esprit assez juste pour les apprécier ce qu'elles valent ?

Ne seroit on pas toujours exposé à n'envoyer dans ces contrées lointaines que des hommes dénués de connoissances locales, qui, aveuglés par l'amour-propre, ou entraînés par leurs passions, replongeroient ces contrées malheureuses dans le chaos d'où il faut maintenant les retirer ? et si le cabinet de Versailles ne connut jamais l'administration qui convenoit à ses Colonies pour les faire prospérer, comment des hommes sortis d'un cabinet d'avocat, d'une étude de procureur, d'une école de médecine, de l'autel enfin, oseroient-ils se croire plus versés dans la science du gouvernement, que ceux qui, nés dans les places, n'avoient d'autres occupations, d'autres objets que celui d'étudier l'état auquel ils étoient pour ainsi-dire destinés dès l'enfance ?

On n'a jamais parfaitement senti la différence qui existe entre l'Europe et l'Amérique. En Europe, la guerre ne prive le manufacturier, le cultivateur, que du commerce extérieur; la ressource de l'intérieur lui reste; dans les isles les hostilités anéantissent tout; il n'y a plus de vente, plus d'achat, plus de circulation; à-peine le colon retire ses frais.

En Europe, le cultivateur d'une petite propriété l'exploite, proportion gardée, avec autant d'avantage que le grand propriétaire; en Amérique, au contraire, la moindre habitation exige des dépenses qui supposent d'assez grands moyens.

En Europe, c'est en général un citoyen qui doit à un autre citoyen; l'état n'est jamais appauvri par ces dettes intérieures; mais aux

Colonies, pour travailler aux défrichemens, on s'obère tellement avec la métropole, que si on éprouve quelques revers considérables, on devient pendant longues années, quelquefois pour toujours, plutôt le fermier que le propriétaire de son habitation. D'ailleurs, dans le systême actuel, que faire des enfans, des vieillards, des infirmes que le maître conserve par pure humanité ? Qui voudra s'en charger ? Qui pourvoira à leur existence ? Ce ne sera surement pas l'état ; et si c'est le père, le fils, il faudra que les gains soient proportionnés à leurs besoins ; et alors où prendre l'argent nécessaire, sur-tout si une guerre désastreuse rend, pendant plusieurs années, les revenus de nulle valeur ? D'où je conconclus que les colons seuls peuvent connoître les lois intérieures qui leur conviennent, celles qui peuvent faire prospérer leur pays ; le directoire doit faire veiller avec le conseil à leur exécution ; ils pourront également aviser aux moyens qui pourroient amener graduellement une certaine amélioration à l'état des africains autant que la politique et l'intérêt national le permettront.

Mais ce qu'il ne faut jamais perdre de vue, ce sont les droits des colons ; il n'appartient qu'à un tyran d'attenter au droit sacré de la propriété ; et si une nation s'arroge la faculté d'en dépouiller une de ses fractions, malheur à la nation elle-même ! ........ qu'on se rappèle l'époque où les premiers avanturiers français ou anglais cherchèrent sous un autre hémisphère un asyle contre le despotisme d'europe ; leurs actions héroïques étonnèrent les puissances ; ils firent trembler l'Espagne à qui ils enlevèrent successivement une partie de ses possessions ; ils s'établirent enfin sur la côte septentrionale de Saint-Domingue, et lorsqu'ils y eurent acquis une assez grande consistance, la cour de France les avoua pour ses sujets et leur envoya un gouverneur en 1665, homme vertueux et habile, qui se fit adorer des nouveaux colons. Cependant ces avanturiers qu'on surnommoit Boucaniers, avoient bien légitimement conquis la partie de Saint-Domingue ; ils pouvoient en disposer comme d'un bien qui leur appartenoit ; mais trop faibles peut-être pour résister à toutes les forces d'Espagne ; d'ailleurs, désirant goûter un repos nécessaire à leur nouvel état, ils offrirent à la France, en dédommagement d'une protection salutaire, les avantages inappréciables d'un commerce exclusif; ils dirent à cette puissance: » Vous veillerez à notre conservation, vous nous enverrez des hommes humains et probes pour nous gouverner, et nous, sous l'égide des lois, nous ferons tous nos efforts pour augmenter la richesse nationale ».

Mais ils étoient bien loin de penser, ces hommes intrépides qu'aucuns dangers n'épouvantoient, qu'un jour leurs descendans, pour récompense de tant de fidélité, de tant de constance, seroient proscrits par la mère-patrie, dépouillés de leurs possessions, qu'ils seroient vexés, humiliés, abandonnés à toutes les horreurs de la misère, par ceux-là même qu'ils ne cessoient d'enrichir depuis plus d'un siècle. O ingratitude ! ô délire inconcevable ! Le fils a vu pour ainsi dire son père, et le père a vu son fils

expirer

expirer sous le couteau des assassins noirs et mulâtres, et la nature ne s'est pas révoltée contre de pareilles atrocités ! étrangers à tous les sentimens, des monstres ont applaudi au récit de toutes les cruautés qui souilloient cette riche et intéressante portion de l'empire français.

Je m'arrête. Ce n'est plus à une secte infâme, qui n'a que trop souillé de sa présence le sénat auguste de la nation, que j'adresse ces réflexions; des hommes véritablement hommes, ont pris la place des sots et ignares législateurs. Déja le sort de la France est changé, et les Colons espérant tout de la justice et des talens, ne verroient pas avec déplaisir fixer par un réglement sage et humain, par un réglement fondé sur des bases praticables, et qui ne seroient suivies ni précédées d'aucuns dangers, le sort des Africains. Cela ne seroit ni impossible ni même difficile; il n'y a que des philosophes modernes ou des novateurs qui aient pu calomnier les habitans des Antilles, les peindre comme des hommes qui ne respiroient que le sang, et qui vouoient à des tortures inexprimables leurs malheureux noirs, comme si l'intérêt n'est pas le premier et le plus puissant mobile qui nous fasse agir et nous détermine.

Ce prétexte a été mis avec succès en avant, et on sait bien pourquoi. C'est à la lueur des torches et sous l'égide des poignards qu'ils ont proclamé une liberté sur laquelle ils n'avoient jamais bien médité; ils ont entrepris de renverser les institutions les plus anciennes, sans se mettre en peine de les remplacer par de nouvelles plus humaines et plus utiles. Les insensés ! pour briser les fers de l'esclavage, ils ont sanctionné tous les crimes et tous les attentats de leurs agens ; et ils viennent ensuite nous parler philosophie. Oui, sans doute, il existe une vraie philosophie ; mais ses disciples ne leur ressemblent pas ; ils connoissent le droit sacré de la propriété et celui de l'homme ; ils n'auroient sacrifié ni l'un ni l'autre ; ils auroient concilié tous les intérêts ; mais avant de prendre une détermination dont les suites devoient et pouvoient avoir tant de conséquences, ils auroient parfaitement étudié le caractère du nègre, ses mœurs, son état primitif, c'est en Guinée où ils se seroient transportés ; là, ils auroient vu ce peuple esclave en entier et mille fois plus malheureux qu'il ne l'est dans nos Colonies ; ils auroient vu le despote de Benin ne se montrer en grand appareil qu'une fois l'année, et pour solemniser cette apparition, immoler une foule d'esclaves ; ils auroient vu la même scène se renouveller à sa mort ou à celle des grands seigneurs de son royaume. En parcourant celui *d'Ansico*, ils auroient vu ses habitans se nourrir de chair humaine, ils les auroient vu, d'après certaines relations de voyageurs, manger après leur mort, leurs pères, mères, frères et sœurs. A *Macoco*, le despote de ces contrées immole à certaines fêtes jusqu'à deux cens malheureux esclaves. A *Maduré*, il les sacrifient aux *démons*. Dans le royaume de Juda, lorsque Dahomet s'en fut rendu maître à la tête de cent mille hommes, en 1727, on égorgeoit tous les ans, au mois de décembre, dans ce qu'on appeloit les *Coutumes*, 8 à 900 nègres qu'on renfermoit dans des trous pour aller servir leur Roi dans l'autre monde; ce ne fut qu'en 1758 que ce monstre en diminua le nombre, parce que s'étant brouillé avec tous ses voisins, il fut obligé de soutenir contre eux une guerre longue et sanglante.

Enfin, par-tout chez ces peuples ils n'eussent rencontré qu'ignorance, paresse et férocité. A *Ardra*, lorsqu'une femme accouche de deux jumeaux, elle est regardée comme adultère. En *Guinée*, les vers rongent les jambes aux nègres. A *Loango*, ils sont si paresseux que les femmes y sont obligées d'ensemencer la terre, de faire tous les travaux, de servir même les hommes à table, et de ne manger que leurs restes; lorsqu'elles accouchent, le mari va se mettre au lit, et reçoit les honneurs de l'accouchée. Ils auroient enfin vu et bien vu que le traitement des nègres dans leur pays, est mille et mille fois plus cruel qu'il ne l'a jamais été dans les Colonies; alors ils se seroient dit: Quelles notions des êtres pareils peuvent-ils avoir des devoirs du Citoyen? A quels dangers n'exposons-nous pas nos frères les blancs, la fortune publique et nous-mêmes, en brisant les chaînes de l'esclavage? A quels dangers n'allons-nous pas les livrer eux-mêmes? Mais ceux qui ont provoqué la loi du 16 pluviôse en connoissoient bien le résultat analogue à leurs principes détestables; d'ailleurs, n'est-il pas prouvé aujourd'hui que c'étoient des hommes pour la plupart perdus de réputation, et contre l'immoralité desquels la France entière réclamoit?

Je sais bien, d'après les principes énoncés ci-dessus, qu'on va m'accuser d'être partisan de la traite et de l'esclavage, mais à tort, quoiqu'il soit démontré qu'il faut l'un et l'autre, si l'on veut avoir des Colonies; sans esclavage (*) point de culture suivie, je l'ai prouvé. Sans la traite, impossibilité de les rétablir, et c'est ce qu'on doit facilement prévoir. Mais ce qu'il n'est pas indifférent d'examiner, c'est la situation du commerce, si on s'obstine à la prohiber; d'abord il perd une de ses principales ressources, et l'état une des branches de la richesse nationale, bien plus étendue qu'on ne semble d'abord l'appercevoir; car les nègres étant diminués au moins de moitié dans les Antilles, parmi ceux qui restent, une partie ne voulant plus se livrer au travail, (et ce seront tous ceux qui ont joué un rôle dans cette sanglante révolution), il est aisé de juger que les revenus seront en raison, non-seulement des bras employés, mais encore en raison de l'état plus ou moins délabré des terres ou des bâtimens, ils seront encore bien certainement en raison des caprices ou des volontés de cette classe nouvellement et trop nouvellement affranchie; c'est à-dire, de quelque manière qu'on envisage la chose, on sera trop heureux avec la nouvelle organisation, si les Colonies donnent le vingtième de leur revenu annuel.

Ce tableau est désolant, je l'avoue, mais il fut l'ouvrage du gouvernement français : il faut avoir le courage de le dire, ses agens sèment encore l'épouvante et la mort dans ces contrées désolées. Mais en rappelant les monstres qui, de-

(*) Si le mot esclavage est trop dur, qu'on y subtitue celui de servitude, d'attache à la glèbe, pourvu que le nègre soit astreint à un travail suivi.

puis trois et quatre ans, dévastent ces contrées jadis si florissantes, en se rapprochant de la commission des Colonies, en émettant son vœu bien prononcé, d'apporter un prompt remède à tant de maux, il est hors de doute aujourd'hui que le directoire ne fût trompé par ses perfides alentours. Déja il a réveillé l'attention des deux conseils, sur la position malheureuse des colons il sollicite en leur faveur des secours dont ils n'auroient jamais dû être privés; bientôt il connoîtra ce que valent les rapports de ses agens; un coin du voile est déchiré, la vérité traverse les mers avec ses terribles attributs; l'orage se forme, malheur aux scélérats qui seront atteints des éclats de la foudre.

Il m'est donc permis de me livrer au doux espoir de voir renaître les beaux jours de Saint-Domingue; c'est en vain que la malveillance s'agitera et secouera les brandons de la discorde, en invoquant la constitution; on leur répondra toujours, la constitution est à la vérité la sauvegarde des français, elle doit être leur point de ralliement. Mais sommes-nous encore réduits à entendre les horribles blasphêmes de Robespierre? Répétera-t-on, d'après-lui, *périssent les Colonies, plutôt que de revenir sur un seul principe.* Ce langage caractérisoit le farouche tyran de la convention, mais grace au 9 thermidor, la France n'aura plus à redouter sa despotique influence, et ses successeurs seront contraints d'aller cacher au loin leur honte, après s'être convaincus de l'inutilité de leurs efforts.

Les législateurs en jettant les bases de la constitution de l'an trois, se proposèrent bien certainement de procurer au peuple français la plus grande somme de bonheur ; ils se proposèrent de servir, à-la fois, l'humanité et leurs commettans ; mais à cette époque se seroient-ils cru exempts d'erreur, auroient-ils pu prétendre à l'universalité des connoissances humaines ; ne devoient-ils pas s'attendre à rencontrer quelques imperfections dans un ouvrage de si haute importance ? Eh bien, c'est l'expérience qui leur servira de maître ; ils verront, ainsi que je l'ai avancé, que le nègre est loin d'atteindre à ce degré de civilisation que suppose une liberté aussi illimitee que l'est celle qu'ils leur accordèrent dans un de ces momens d'enthousiasme, qui ne permet ni réflexions ni méditations.

Aujourd'hui l'expérience a parlé ; on convient de bonne-foi qu'il est urgent d'assujettir ces hordes sauvages à une discipline sévère. Ceux qui connoissent la culture des Colonies, savent et disent tout haut, qu'il faut que le cultivateur des Antilles soit attaché au sol ou à la glèbe, sans quoi plus de Colonies, plus de commerce, plus de marine ; le directoire lui-même est pénétré de cette vérité, et nous voyons avec plaisir qu'il s'occupe sérieusement de ce grand objet ; il n'oubliera donc rien pour donner de la réussite à ses projets, pour couronner les mesures qu'il va prendre, parce qu'il n'ignore pas qu'il faut des Colonies à la France, qu'elles tiennent à son existence politique, et que ce ne sera qu'à leur faveur qu'elle pourra disputer un jour à l'Angleterre l'empire des mers, la chasser des marchés de l'Europe ; il se rappelera sans doute, (et ce souvenir ajoutera à la confiance qu'il doit aux colons) que ce fut cette classe si long-temps calomniée, persécutée, qui s'établit dans ces isles alors méprisées, qui étoit l'unique base du commerce d'Afrique, qui étendoit les pêcheries et les défrichemens de l'Amérique septentrionale, procuroit des débouchés avantageux aux manufactures d'Asie, doubloit, triploit, pouvoit être l'activité de l'Europe entière, et peut-être regardée comme la cause principale du mouvement rapide qui agite l'univers; cette fermentation doit augmenter à mesure que des cultures, si susceptibles d'extension, approchoient davantage de leur dernier terme; et certes, elles étoient bien près d'atteindre ce dernier terme, quand les féroces agens d'un gouvernement abusé sans doute, vinrent noyer dans le sang l'industrie de plus d'un siècle; rien ne fut épargné par ces vandales, et c'est aux colons réunis à demander vengeance au peuple français de tous les attentats commis sur cette terre infortunée. C'est aux législateurs à écouter des vérités utiles, et à croire de bonne-foi que ceux-là seuls qui tiennent au sol, peuvent être véritablement intéressés au retour du bon ordre; mais pour y parvenir, qu'ils éloignent à jamais les hommes avides de pouvoirs, ces intrigans de révolution qui déshonorent tous les postes et rendent vile la nation qui les emploie.

Cependant ces considérations, quelque intéressantes qu'elles soient, ne sont pas les seules que je doive mettre sous les yeux du gouvernement et du peuple français; il en est d'une bien plus haute importance qui méritent toute son attention ; ils ne doivent pas ignorer que la masse ou la classe des citoyens la plus nombreuse, sera toujours celle qui dominera, qui asservira l'autre à la longue ; il est naturel que les nègres se trouvant en proportion d'un à vingt, regarderont les blancs comme une minorité dépendante, qui devra, dans tous les temps, être subordonnée à ses caprices et à ses volontés ; et ce qui peut aisément arriver, c'est qu'à la moindre rixe, un instant peut encore voir anéantir les foibles restes de la population européenne. Smyrne nous en offre l'exemple trop terrible ; que de leçons utiles ne devrions-nous pas retirer de ce funeste et mémorable événement !

Je veux aller plus loin ; je suppose aux nouveaux citoyens les meilleures dispositions ; je leur suppose une façon de voir et de sentir, égale à la nôtre : la liberté devient alors autrement dangereuse, elle prépare ou achemine à la loi agraire. Il est impossible que des hommes qui ont obtenu, par la force des armes, le plus grand des avantages, ne cherchent bientôt à en usurper de nouveaux, ils seront fatigués de voir les blancs maîtres d'un sol dont ils se disent les seuls, les légitimes propriétaires, ils finiront par les expulser; heureux s'ils ne prennent des mesures plus atroces ; l'exemple du passé ne s'effacera pas de sitôt de leur mémoire.

Mais, répondra-t-on, nous aurons une force imposante, et, à la faveur de bonnes lois, nous pourrons nous promettre les meilleurs résultat. Ce raisonnement n'est que spécieux, un colone sera jamais embarrassé de le réfuter. J'ai dit plus haut que pour faire de bonnes lois, il faut connoître *la nature du local, ses productions, son numéraire, ses ressources, ses liaisons, ses usages, son goût, son commerce et ses mœurs.* Si on connoissoit la nature du local, on sauroit qu'il est destructeur de l'espèce blanche, on sauroit qu'il est on ne peut plus favorable aux africains, et que vainement la France s'épuiseroit en hommes et en argent, pour remettre le nègre à son devoir; si une fois seulement il a le sentiment de ses forces, on sauroit que les productions du pays le favorisent encore davantage, concentré dans les doubles et triples montagnes, ils seroient inexpugnables, et réuniroient, à l'avantage de la position, la ressource des subsistances; et nous, au contraire, habitués à ne vivre que des productions d'europe, exposés à toute l'intempérie du climat, nous nous consumerions à petit feu sans succès, ou si nous parvenions à les renfermer dans les mornes, il nous seroit impossible de préserver la plaine des incursions soudaines de ces hordes farouches, n'importe le nombre des troupes que nous aurions à leur opposer, on sauroit que les nations rivales et jalouses de notre prospérité, ne manqueroient jamais l'occasion de les fournir de toute espèce de munitions. Enfin on sauroit que le goût du nègre est tout entier porté vers la paresse, que son penchant irrésistible l'entraîne au vol, au vagabondage, qu'on seroit alors hors d'état de réprimer. Ces principes contestés par des hommes etrangers aux Colonies, plus étrangers encore à l'Afrique, seront trop surement consacrés par l'expérience, et ce n'est que d'elle désormais que les français recevront des leçons.

Mais allons plus loin, et convenons une bonne fois que les nègres pénétrés et reconnoissans des bienfaits de la métropole, n'abuseront pas de la liberté, qu'ils seront soumis aux lois comme nous-mêmes, du moins ne leur accordera-t-on pas plus de jugement, plus de raison, plus de prescience sur l'avenir, qu'à nos paysans, cela convenu; voyons encore si le sol des Antilles peut permettre cette nouvelle organisation. Je me transporte sur les places publiques, où dans plusieurs villes rurales on a coutume de louer les cultivateurs. Là, que vois-je? des hommes capricieux, qui vous refusent net le produit de leur industrie; alors il faut se retourner d'un autre côté, et très-souvent, après des démarches réitérées et infructueuses, j'ai vu le propriétaire obligé de négliger ses travaux, de différer au moins ses labours; mais en europe, un ou deux jours de retard ne nuisent presque pas, dans les Colonies; vingt-quatre heures font perdre le fruit d'un travail suivi avec constance pendant un an : il faut être colon, il faut avoir cultivé le sucre et l'indigo, pour sentir toute la force de ces raisons; mais, dira-t-on encore, nous les attacherons à la glèbe, alors voilà un esclavage mitigé; et qu'on y prenne garde, sans s'en appercevoir, nous reviendrons au but proposé, en jouant sur les mots.

Attachés à la glèbe! mais sous la surveillance de qui? du propriétaire, sans doute, car il seroit absurde de supposer qu'on établiroit un surveillant national sur chaque habitation ; il en existeroit un tout au plus dans chaque canton ; cet agent seroit-il alors colon ou européen ; s'il est colon, il favorisera ses concitoyens, et il le fera d'autant mieux qu'il en sentira toute la nécessité ; mais il sera surveillé, mesure encore absurde et dangereuse, c'est à dire, que si j'ai cent nègres dans mon atelier, et que ces nègres ou partie de ces nègres, quoique contraints de se fixer sur ma plantation, se mettent en tête de faire les malades, ou de ne travailler qu'à leur volonté ; s'ils se permettent de me manquer, mais sans appareil, il me faudra les citer devant cet agent national ; là, s'établira une lutte entre le nègre et le propriétaire, dont le résultat peut encore dépendre des caprices du juge, et Dieu sait alors quelles conséquences de pareilles mesures peuvent entraîner.

Une autre observation non moins intéressante et qui doit puissamment concourir à la décision que doit prendre le corps législatif dans la circonstance actuelle, c'est la position des colons, celle de la Colonie elle-même, et la nature des travaux sous cet autre hémisphère.

Pour rétablir un sol ruiné, dévasté, incendié, il faut des moyens et des moyens puissans ; les colons, pour la plupart, n'en ont point. Non-seulement ils seront dans l'impossibilité d'exister les trois premières années, mais il sera indispensable que le gouvernement vienne à leur secours ; il faudra qu'il se détermine à soudoyer une compagnie nombreuse d'ouvriers ; qu'il procure, à la faveur de la Nouvelle-Angleterre, les bois nécessaires pour réédifier les établissemens détruits. S'il néglige ces moyens, alors tout languira, la culture ne se rétablira que difficilement et à la longue ; l'état sera déchu des espérances flatteuses que le directoire lui faisoit concevoir dans son message. Au lieu d'impositions à retirer, ce sera un versement effectif de fonds considérables à faire par la métropole dans ses colonies. Alors, je le demande, où trouver l'argent nécessaire pour salarier les cultivateurs;défaut de ressources de la part des colons, défaut de productions de la part du sol pour couvrir les dépenses; donc impossibilité d'exploiter les Antilles avec des libres, donc retour provisoire à l'ancienne organisation, sauf les amendemens compatibles avec les localités, la philosophie, la constitution et l'intérêt de la république. Mais pour en être bien pénétré, il faut savoir que pour l'établissement d'une sucrerie, il faut des nègres-cabrouetiers, des nègres- raffineurs, des nègres-tonneliers, des nègres-chauffeurs, des nègres-coupeurs de cannes, des nègres-mouliniers, des nègres pour les animaux, des nègres pour les purgeries, des nègres enfin pour divers autres petits travaux, et que ce n'est que de l'ensemble des opérations qu'on peut se promettre de l'exploiter avec succès. Si une roue de cette machine compliquée, manque, adieu les espérances d'une récolte qui annonçoit être des plus abondantes ; il faut que le malheureux propriétaire courbe sa tête sous le poids de ses engagemens, et qu'il survive à son déshonneur.

Résumons, pour sortir du dédale où nous nous sommes imprudemment renfermés ; il est essentiel que le corps législatif délibère en secret sur les mesures qu'il doit prendre relativement aux Colonies ; la nécessité où il est de suspendre, pour l'intérêt national, la loi du 16 pluviôse, ne lui impose pas celle de rendre cette suspension publique. Ce ne sera qu'à l'instant où des forces respectables rameneront sur leurs propriétés les infortunés colons, qu'il pourra donner à cette opération la plus grande authenticité ; alors si le nombre des nègres bien intentionnés encore attachés à leurs anciens maîtres, rend superflue toute disposition hostile, il ne s'agira que de mettre à exécution les lois organiques qu'on fera respecter par des forces dont le développement sera commandé par les circonstances. Si au contraire le nègre se montre ennemi de toute subordination, s'il se refuse à rentrer sur le sol qui le vit naître et qu'il préfère la vie oisive ou vagabonde à celle qu'il menoit avant la révolution, il n'y aura plus à transiger avec lui, il faudra le réduire et le tenir dans la plus grande dépendance pour prévenir de nouveaux malheurs. Quant aux chefs, quant à ceux qui ont été investis de quelques grades, comme le nombre en est considérable et plus considérable qu'on ne seroit porté à le croire en France, par l'extrême facilité qu'ils ont de se décorer d'épaulettes, et comme ils pourroient être dangereux dans la Colonie, pour éviter l'effusion du sang, on peut leur proposer de les reporter dans leurs familles ; cette proposition ne peut que leur être agréable, ou tout ce que j'ai dit sur l'amélioration du sort des nègres aux Antilles, restera physiquement prouvé.

Ne nous abusons cependant pas; je viens de converser avec soixante et quelques officiers venus sur *la Lourde*, du Cap-Français; s'il faut en croire leur rapport, on ne peut considérer le ministre Truguet que comme un des principaux meneurs dans l'affaire des Colonies; il abuse le directoire et se joue de la crédulité des français; Hugues exerce à la Guadeloupe un despotisme digne d'un émule de Robespierre; les nègres y sont conduits à coups de bâton ou soumis à la fusillade, les revenus des particuliers sont à sa disposition, tout tremble à l'aspect de ce farouche satrape; à Saint-Domingues, Santhonax s'entoure des nègres armés, il les exerce et les dispose à couronner des projets qui, selon toutes les apparences, ne sont pas loin d'éclore; en attendant, malheur aux blancs que le besoin ou des circonstances impérieuses forcent à rester sur leurs foyers; ils ne peuvent y éprouver que la misère la plus affreuse, l'ignominie la plus raffinée, la mort la plus cruelle. Enfin, ces défenseurs de la patrie qui ont été prodiguer leur vie sous une zône embrâsée, sont encore repoussés de la capitale; ils n'ont pu obtenir des passe-ports; on craint sans doute qu'ils ne dévoilent des horreurs dont on veut dérober la connoissance aux législateurs énergiques qui ont tonné contre ces coupables abus d'autorité, ou voudroit...... Mais non, ils ne pourront rien contre la vérité; elle terrassera la tourbe criminelle qui commande et exécute au loin les attentats les plus inouis; l'heure sonne et c'est leur dernière sans doute; la responsabilité va les atteindre, le malheur sera vengé, et la justice frappera de son glaive les conspirateurs trop long-temps cachés sous le masque trompeur du vrai patriotisme. Alors luira l'aurore de la prospérité coloniale, et la France indignée, vouera à l'exécration de tous les peuples, à celle de tous les siècles, des hommes dont les noms doivent figurer dans l'histoire à côté de ceux des Néron et des Caligula.

Que les hommes accoutumés à réfléchir, après avoir profondément médité sur les idées développées dans ce mémoire, me jugent dans le calme des passions; mais avant de prononcer, qu'ils se pénètrent bien de l'importance de nos Colonies, qu'ils apprennent à connoître le nègre et le sol qu'il cultive, qu'ils me connoissent moi-même, qu'ils sachent que mon intention est pure, et que je n'eus jamais le dessein de parler et d'écrire contre les lois de mon pays. Quand j'ai dit qu'il falloit ajourner la constitution, je n'ai entendu parler que de ses rapports avec nos possessions d'outre-mer, et j'ai cru cette mesure nécessaire, indispensable même, dans la position où nous sommes réduits; je dis plus, je soutiens que la traite ne peut être regardée comme un outrage fait à l'humanité, d'après la situation déplorable dans laquelle gémit le nègre dans son propre pays; d'ailleurs cette question comme celle de l'esclavage, doit être considérée sous le double rapport de discussion philosophique, ou d'intérêt national; sous ce premier rapport, il seroit douteux que la déclaration des droits pût l'emporter sur les excellentes et très-excellentes raisons qui militent en faveur d'un esclavage mitigé et de la traite. Mais cette grande question sera la matière d'un ouvrage plus étendu, et qui ne verra le jour qu'à l'instant où je le croirai propre à produire quelque effet. Sous le second rapport, il n'est aucun doute que l'intérêt national ne prononce le même jugement; 25 millions d'individus, peut être cent, tiennent à l'existence de cet ordre de choses, exigent la suspension ou l'amendement de la loi du 16 pluviôse. D'ailleurs, si l'Europe perdoit ses Colonies, n'est-il pas évident qu'elle redeviendroit ce qu'elle fut dans le douzième siècle, avec cette différence cependant, qu'au douzième siècle elle avoit des mœurs, et qu'aujourd'hui elle n'en a plus ; qu'au douzième siècle, elle ne connoissoit aucun des besoins, qui depuis, ne sont devenus que trop impérieux, et qu'aujourd'hui elle a contracté l'habitude de tous ? Alors les colonnes d'Hercule sembloient être les barrières du monde, alors la nature ne nous avoit point initié dans ses admirables secrets, l'homme ignoroit les arts les plus précieux, il n'avoit pas reculé les bornes de son entendement.. La scène est donc changée, et il restera démontré que nous ne saurions être ce que furent nos ancêtres, ou que pour y parvenir, il faudroit nécessairement amener un bouleversement général de tout ordre social ; ce qu'il importe de prévenir.

www.ingramcontent.com/pod-product-compliance
Lightning Source LLC
LaVergne TN
LVHW020300230826
846091LV00006B/2485

* 9 7 8 2 0 1 1 7 7 6 9 3 8 *